OEUVRES

DE

J. RACINE

ALBUM

PARIS. — IMPRIMERIE LAHURE

9, rue de Fleurus, 9

OEUVRES

DE

J. RACINE

NOUVELLE ÉDITION

REVUE SUR LES PLUS ANCIENNES IMPRESSIONS
ET LES AUTOGRAPHES

ET AUGMENTÉE

de morceaux inédits, de variantes, de notices, de notes, d'un lexique des mots
et locutions remarquables, d'un portrait, d'un fac-similé, etc.

PAR M. PAUL MESNARD

ALBUM

PARIS

LIBRAIRIE HACHETTE ET Cⁱᵉ

BOULEVARD SAINT-GERMAIN, 79

1890

Armoiries de Jean Racine.

D'azur au cygne d'argent, becqué et membré
de sable. — Ces armoiries ont été dessinées
par M. Ch. Millon de Montherlant, et chromo-
lithographiées par M. Painlevé. — D'après l'original du brevet délivré à J. Racine en juin 1697
par le juge d'armes, et conservé dans le dossier
Racine au cabinet des titres, à la Bibliothèque
nationale.

ARMOIRIES DE J. RACINE .

Ch Millon de Montherlant pinx!   Chromolith Lemercier et Cie Paris

Portrait de Jean Racine.

Ce portrait a été dessiné par M. Auguste Sandoz, d'après le portrait original de Santerre, qui est à Toulouse et appartient à M. Auguste de Naurois, arrière-petit-fils de Racine. Il a été gravé par M. A. Lévy.

RACINE

Né à la Ferté-Milon en 1639. Mort à Paris en 1699.

Statue de Jean Racine,

par David d'Angers.

Le dessin que nous donnons de cette statue est de M. P. Sellier.

Elle appartient à la ville de la Ferté-Milon, où elle a été érigée sur un piédestal de 1 mètre de hauteur, au milieu de la façade de l'Hôtel de la Mairie, entre deux colonnes surmontées d'un fronton. A la droite du poète est un cippe qui supporte une coupe, et sur lequel est inscrite la liste des pièces du théâtre de Racine. Le nom d'*Athalie* se lit d'abord en commençant par le haut, celui d'*Esther* au-dessous, et ainsi de suite dans l'ordre chronologique inverse, jusqu'aux *Frères ennemis*. Une couronne appuyée sur le cippe ne laisse lire qu'à demi les noms d'*Alexandre* et des *Frères ennemis*.

Due à la munificence de Louis XVIII, la statue porte sur le côté gauche du socle cette inscription : *P. J. David*, 1828. Elle est arrivée à la Ferté-Milon le 24 juin 1828, et a été solennellement inaugurée le 29 septembre 1833.

STATUE DE J. RACINE, A LA FERTÉ-MILON
PAR DAVID D'ANGERS
Dessin de P. Sellier, d'après une photographie

Fac-similé de deux esquisses de la figure de J. Racine dessinées par son fils aîné Jean-Baptiste Racine sur la couverture d'un exemplaire d'Horace (1re édition de Henry-Estienne) appartenant à la Bibliothèque nationale (Réserve Y 1030-Aa, in-8°).

Ce fac-similé a été dessiné par M. P. Sellier et chromolithographié par M. A. Pralon.

P. Sellier del.

Imp. Dufrenoy, 56.

J. Vichi, hertarth

COPIE DE DEUX PORTRAITS DE JEAN RACINE

dessinés par son fils aîné sur la couverture d'un exemplaire incomplet de la 1re édition
de l'HORACE d'Henri Estienne.

Vue, prise du côté de la cour, de la maison
   que Racine a habitée pendant les sept der-
   nières années de sa vie, dans la rue des Marais,
   à Paris (aujourd'hui rue Visconti, nᵒ 13). —
   Voyez au tome I, p. 158, note 2.
Cette vue, qui reproduit l'état actuel de la maison,
   a été dessinée d'après nature, par M. Hubert
   Clerget.

MAISON DE LA RUE DES MARAIS, HABITÉE PAR RACINE DE 1692 A 1699

Dessin de H. Clerget, d'après nature

Dessins des cinq médailles dont l'explication
rédigée par Racine se trouve dans les registres
de l'Académie des inscriptions et belles-lettres,
et a été imprimée dans le livre intitulé : Mé-
DAILLES SUR LES PRINCIPAUX ÉVÉNEMENTS DU RÈGNE
DE LOUIS LE GRAND,... M.DCC.II, in-folio. —
Voyez au tome V, p. 47-60.

Ces dessins, qui reproduisent ceux du volume
in-folio de 1702, ont été copiés par M. P. Sellier,
et gravés par M. H. Sellier.

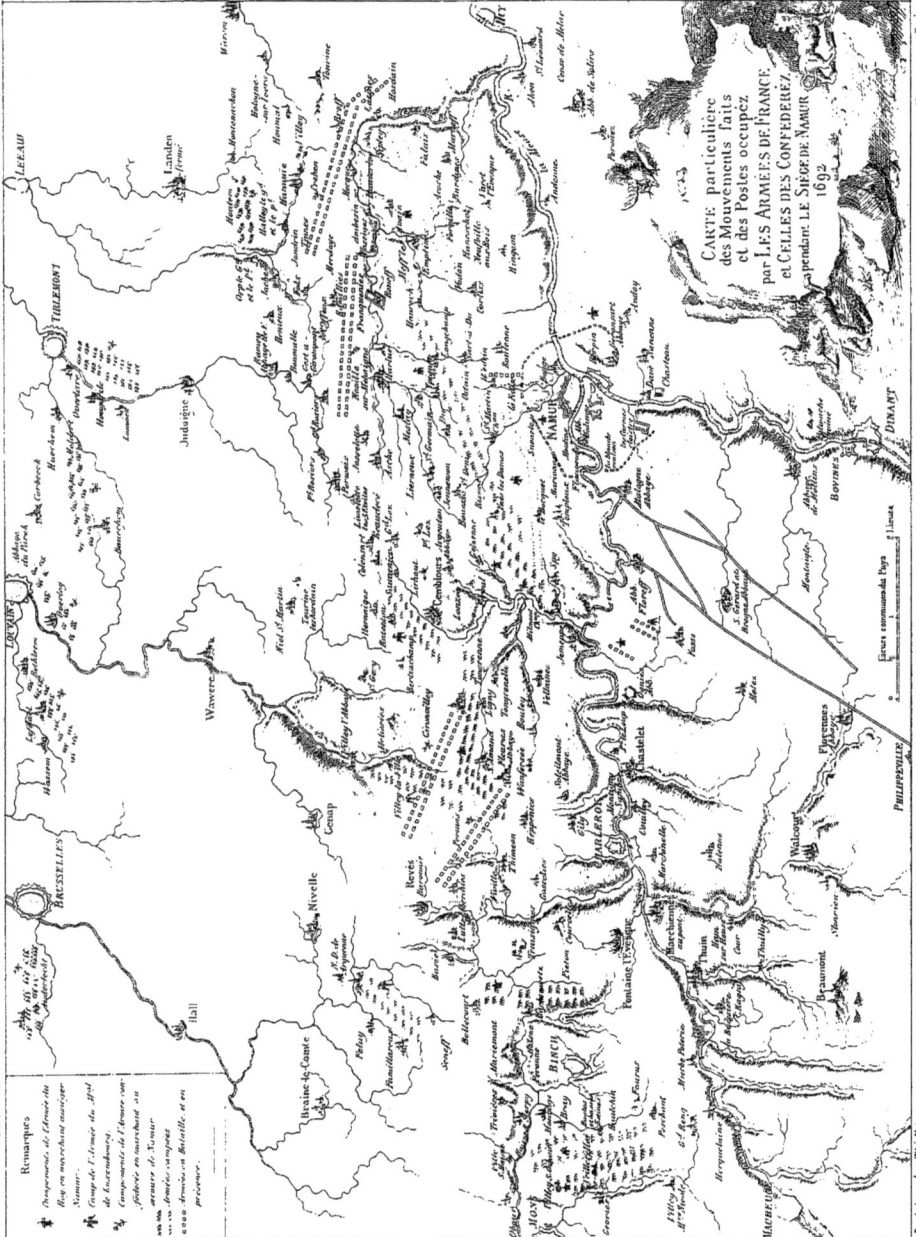

CARTE particuliere des Mouvemens faits et des Postes occupéz par LES ARMÉES DE FRANCE et CELLES DES CONFEDERÉZ, pendant LE SIÉGE DE NAMUR 1692

Pl. II.

PLAN DES LIGNES
de
L'ARMÉE DU ROY
devant
LA VILLE ET CHÂTEAU
de
NAMUR
1692

Imp. Dufrénoy, 45, rue du Montparnasse, Paris.

SUVARLEY

MARIVAUX

VEDRIN

BERNAT.MENT

CHAMPION

BOULESSE

QUARTIER DE Mr LE PRINCE

Bouge

QUARTIER DE Mr DE BOUFFLERS

HERBAIN

MAUSE R.

LOY LIVE

NAMUR

QUARTIER DU ROY

LAVERNE

QUARTIER DU ROY

QUARTIER DE Mr DE NEMENES

PUITS DU ROY

SABRE

ST ALBERT

Toises

Hachette et Cie

Dessiné par Jean-Luy Theollet.

Pl. III

PLAN
DE LA VILLE ET CHÂTEAU
DE NAMUR
1692

LÉGENDE.

A Porte de Bouillon
B Porte de Sambre
C Porte de Grognon
D Porte de Bruxelles
E Porte de fer
F Porte St Nicolas
G Porte du Château
H Magazine
I Corps de garde
K Moulins du roi

1 Attaque de la Meuse
2 Attaque des hauteurs de Bouige
3 Batteries de 3 pièces
4 Batteries de 12 pièces
5 Batteries de 3 pièces

NAMUR

CHÂTEAU

Meuse Fleuve

Sambre R.

Village de Bouige

Abbaye de Salzinnes

Échelle de 300 Toises

Dessiné par Aug. Thirilet

Imp. Dufrénoy, 44, rue des Boulangers, Paris

Trois cartes dessinées par M. A. Thiollet et gravées par M. Erhard, d'après celles qui se trouvent à la fin du volume intitulé : Relation de ce qui s'est passé au siège de Namur, et imprimé à Paris par Denis Thierry, 1692. — Cette *Relation* est attribuée à J. Racine (voyez au tome V, p. 305-311).

FAC-SIMILÉ D'AUTOGRAPHES

1° Cantique spirituel à la louange de la Charité, par J. Racine, imprimé au tome IV, p. 148-152. — L'original est à la Bibliothèque nationale, *Manuscrits de J. Racine*, tome II, *fonds français*, n° 12,887.

Cantique Spirituel
à la louange de la Charité
tiré de St. Paul. 1. Corinth. ch. 13.

Les Meschans m'ont vanté leurs mensonges frivoles.
Mais je n'aime que les paroles
De l'éternelle Vérité.
Plein du feu divin qui m'inspire
Je consacre aujourdhuy ma Lyre
A la céleste Charité.

En vain je parlerois le langage des Anges.
En vain, mon Dieu, de tes loüanges
Je remplirois tout l'univers.
Sans Amour, ma gloire n'égale
Que la gloire de la cymbale
Qui d'un vain bruit frappe les airs.

Que sert a mon esprit de percer les abimes
Des mysteres les plus sublimes,
Et de lire dans l'avenir?
Sans Amour, ma science est vaine
Comme le songe, dont a peine
Il reste un leger souvenir

Que me sert que ma Foy transporte les montagnes,
Que dans les arides campagnes
Les torrens naissent sous mes pas,
Ou que ranimant la poussiere
Elle rende aux morts la lumiere,
Si l'Amour ne l'anime pas?

Ouy, mon Dieu, quand mes mains de tout mon heritage
Aux pauvres feroient le partage,
Quand mesme pour le nom Chrestien
Brauant les croix les plus infames
Je liurerois mon corps aux flâmes,
Si je n'aime, je ne suis rien.

Que je voy de Vertus qui brillent sur ta trace,
Charité, fille de la Grace!
Auec toy marche la Douceur
Que suit auec un air affable
La Patience inseparable:
De la Paix son aimable Soeur.

Tel que l'Astre du jour écarte les tenebres
De la Nuit compagnes funebres,
Telle tu chasses d'un coup d'oeil
L'Enuie aux humains si fatale,
Et toute la troupe infernale

Libre d'ambition, simple, et sans artifice,
Autant que tu hais l'Injustice,
Autant la Verité te plaist.
Que peut la Colere farouche
Sur un coeur, que jamais ne touche
Le soin de son propre interest?

Aux foiblesses d'autruy loin d'estre inexorable,
Tousjours d'un voile favorable
Tu t'efforces de les couvrir.
Quel triomphe manque a ta gloire?
L'Amour sçait tout vaincre, tout croire,
Tout esperer, et tout souffrir.

Un jour Dieu cessera d'inspirer des oracles.
Le Don des langues, les Miracles,
La Science aura son déclin.
L'Amour, la Charité divine,
Eternelle en son origine,
Ne connoistra jamais de fin.

(strophe biffée, illisible)

Nos clartez icy bas ne sont, qu'énigmes sombres.

~~Ainsi l'homme ... lors ... ... que ... les ... ...~~

Mais *Dieu sans voiles*, et sans ombres,

Nous ~~Dieux~~ esclairera dans les cieux,

Et ce Soleil inaccessible,

Comme a ses yeux je suis visible

Se rendra visible a mes yeux.

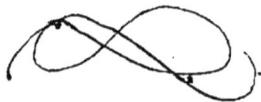

L'Amour sur tous les Dons l'emporte avec justice

De nostre céleste Édifice

La Foy vive est le fondement.

La sainte Esperance l'éleve.

L'ardente Charité l'acheve,

Et l'assure éternellement.

Quand pourray je t'offrir, o Charité suprême

Au Sein de la lumiere même

Le cantique de mes soupirs,

Et toujours brulant pour ta gloire,

Toujours priser, et toujours boire,

Dans la source des vrais plaisirs!

2° Lettre de J. Racine à l'abbé le Vasseur (1659 ou 1660), imprimée au tome VI, p. 373 et 374. — L'original est à la Bibliothèque nationale, *fonds français*, n° 12,886.

Je vous enuoye mon Sonnet. C'est à dire vn nouueau
Sonnet. Car je l'ay tellement changé hier au soir que vous
le méconnoistrez. Mais je croy que vous ne l'en approuuerez
pas moins. En effet ce qui le rend méconnoissable est ce qui
vous le doit rendre plus agréable, puis que je ne l'ay si desfi-
guré, que pour le rendre plus beau et plus conforme aux regles que vous luy prescriuistes hier, qui sont les regles mesmes
du Sonnet. Vous trouuiez estrange que la fin fist vne
tuitte si differente du commencement. Cela me choquoit de
mesme que vous. Car les Poëtes ont cela des Hypocrites,
qu'ils deffendent tousjours ce qu'ils font, mais que leur
conscience ne les laisse jamais en repos. J'en estois de mesme. J'aurois fort bien reconnu ce desfaut, quoy que je fisse tout
mon possible pour monstrer que ce n'en estoit pas vn. Mais
la force de vos raisons estant ajoustee à celle de ma conscience
a acheué de me conuaincre. Je me suis rangé à la raison, et
y ay rangé aussi mon Sonnet. J'en ay changé la pointe ce
qui est de plus considerable dans ces ouurages. J'ay fait comme
vn nouueau Sonnet. Et quoy que si dissemblable à mon premier, J'aurois pourtant de la peine à le desauouer. Ma conscience ne me reproche plus rien. Et j'en prens vn assez bon
augure. Je souhaitte qu'il vous satisfasse de mesme. Je
vous l'enuoye dans cette esperance. Si vous le jugez digne de
la veüe de Mad.elle Lucrece, je seray heureux, et je ne le croi-
ray plus indigne de celle de S.E. Retournez aux champs le
plus tard que vous pourrez. Vous voyez le bien q; cause vre presence

Pour

Monsieur l'Abbé.

3° Lettre de J. Racine à Monsieur le Prince, Henri-Jules de Bourbon (date incertaine, après 1687), imprimée au tome VII, p. 305 et 306. — L'original est à la Bibliothèque nationale, *Manuscrits de J. Racine*, tome I, *fonds français*, n° 12,886.

Monseigneur

C'est avec une extréme reconnoissance que j'ay receû
encore au commencement de cette année la grace que Vostre
Altesse serenissime m'accorde si liberalement tous les ans.

Cette grace m'est d'autant plus chere que je la regarde comme une suite de la protection glorieuse dont vous m'avez honoré en tant de rencontres, et qui a toujours fait ma plus grande ambition. Aussi en conservant pretieusement ~~toutes~~ les quittances du droit annuel dont vous avez bien voulu me gratifier, j'ay bien moins en veüe d'assurer ma charge a mes enfans que de leur conserver un des plus beaux titres que je leur puisse laisse je veux dire les marques de la protection de V. A. S. Je n'ose en dire d'avantage. Car j'ay esprouvé plus d'une fo que les remercimens vous fatiguent presque autant que le louanges Je suis avec un profond respect

Monseigneur

De V. A. S.

Je tres humble tres obeïssant et
tres fidelle serviteur Racine

4° Lettre de J. Racine à Boileau (3 octobre 1694), imprimée au tome VII, p. 126-130. — L'original est à la Bibliothèque nationale, *Manuscrits de J. Racine*, tome I, *fonds français*, n° 12,886.

À Fontainebleau le 3.e Oct^{re}

Je vous suis bien obligé de la promptitude avec laquel
vous m'avez fait réponse. Comme je suppose que
vous n'avez pas perdu les vers que je vous ay envoyez
je vais vous dire mon sentiment sur vos difficultez, et
en même temps vous dire plusieurs changemens que j'ay
desja faits de moy mesme. Car vous sçavez qu'un homme
qui compose, fait souvent son Hymne en plusieurs façons.

Quand par une fin soudaine
Détrompez d'une ombre vaine
J'ai passé et ne reviens plus.

J'ay choisi ce tour parce qu'il est conforme au texte qui
parle de la fin imprévue des Reprouvez, et je voudrois
bien que cela fut bon, et que vous pussiez répondre par
une fin soudaine, qui dit précisément la chose.
Voicy comme j'avois mis d'abord

Quand déluit d'un bien frivole
Qui comme l'ombre s'envole
Et ne revient jamais plus.

Mais ce langage me paroit un peu mis pour remplir le vers
Au lieu que passe et ne revient plus, me semblait asses
plein et asses vif. D'ailleurs j'ay mis à la 3.e stance
Pour nommer un bien fragile, et c'est la même chose
qu'un bien frivole. Ainsi tachez de vous accoutumer à la

première manière; ou nommer quelque autre chose qui vous satisfasse

Dans la 2.de Stance

Miserables que nous sommes
Où s'égaroient nos esprits.

Informer m'estoit venu le premier. Mais le mot de
miserables, que j'ay employé dans Phedre à qui je l'ay
mis dans la bouche, que l'on a trouvé asses bien, m'a paru
avoir de la force, en le mettant aussi dans la bouche des
Reprouver, qui s'humilient et se condamnent eux mesmes.

Pour le second vers, J'avois mis

Disent ils avec des cris.   ^ mettre Disent ils
Mais j'ay crû qu'on pouvoit leur faire venir tout ce discours sans,
et qu'il suffisoit de mettre a la fin, Ainsi d'une voix plaintive
et le reste, par où on fait entendre que tout ce qui precede
est le discours des Reprouver. Je croy qu'il y en a des exemples
dans les Odes d'Horace.

Et voilà que triomphans
Je me suis laissé outre-aimer au texte, Ecce quomodo
computati sunt inter filios Dei. Et j'ay crû que ce tour
marquoit mieux la passion. On j'auroi pû mettre, Et
maintenant triomphans, &c.   Dans la 3.e Stance

Qui nous monstroit la carriere
De la bienheureuse Paix.
On dit la carriere de la gloire, la carriere de l'honneur;

c'est a dire par où on court a la gloire, à l'honneur, Boye[?]

Si l'on ne pouvoit pas dire de mesme La carriere de la

bienheureuse Paix. Du reste je ne devine pas comment je

le pourroi mieux dire. Là il reste la 4.e Stance.

J'avoi d'abord mis le mot de Repentance. Il m'a semble

qu'on ne diroit pas bien, les remords de la Repentance,

au lieu qu'on dit les remords de la Penitence, ce mot

de Penitence en le joignant avec tardive, et tel est consacré

dans la langue de l'Ecriture, sero poenitentiam agentes

On dit la Penitence d'Antiochus, pour dire la Penitence tardive

et inutile. On dit aussi dans ce sens la Penitence des

Damnés. Pour la fin de cette stance je l'avoi changée

deux heures apres que ma lettre fut partie. Voicy la

stance entiere,

Ainsi d'une voix plaintive

Exprimera ses remords

La Penitence tardive

Des inconsolables Morts.

Ce qui faisoit leur delices,

Seigneur, fera leurs supplices.

Et par une egale loy,

Les Saints nourroront[?] des charmes

Dans le souvenir des larmes

Qu'ils versent icy pour toy

Je vous conjure de m'envoyer votre sentiment sur tout cecy je

l'ay dit franchement que j'attendoi votre Critique, avant que de

tenez-vous bien au Musicien, et je l'ay dit à Mr le De Mau...
qui a pris de la occasion de me parler de vous avec beaucoup
d'amitié. Le Roy a entendu les deux autres Cantiques, et a esté
fort content de Mr Moreau, a qui nous esperons que cela
pourra faire du bien. Il n'y a rien icy de nouveau. Le Roy
a toujours la goutte, et en est au lit. Une partie des Princes,
sont revenus de l'armée. Les autres arriveront demain ou
apresdemain. Je vous félicite du beau temps que nous avons
icy, car je croy que vous l'avez aussi à Auteuil, et que
vous en joüissez plus tranquilement que nous ne faisons icy.
Je suis entierement à vous.

La Harangue de Mr l'abbé Boileau a esté trouvée très mauvaise
ce pais cy. Mr de Riens pretend que Richebourg en est
mort de douleur. Je ne scay pas si la douleur est bien vraye
mais la mort est très veritable.

5° Lettre de Mme Racine (avec quelques lignes ajoutées par J. Racine) à Jean-Baptiste Racine (6 octobre 1698), imprimée au tome VII, p. 286 et 287. — L'original est à la Bibliothèque nationale, *Manuscrits de J. Racine*, tome I, *fonds français*, n° 12,886.

ie vous escry mon chere fils auprus de votre
pere qui le voullent faire luy mesme ie len
et enpeiche ayant vn remerde dans le corps
et ayant ete fort fatigué hier ile
lemetique quon luy fit prendre le quelle
a eue tout le luces quon en poimoit
esperé entelle sorte que les medecins disent
quil nyplus qua ce tenir en repos nayant
plus rien a cramde dans la maladie
qui et alon retour nayant presque plus
de feance ie vous mendore vne autre fois
le detaille de la maladie de votre
pere fié vous a moy nayez point
dinquestude tout la cramde quea votre
pere cest que linquietuel. One vous
falle prendre quelque marsy presipité
qui vous detournerort de vos occupations
et ne luy ferot dauam soulagement
votre pere espere de vous ecrire lu
mesme vendredy et a mi lembasadeu du
quelle il sennuie de ne point recevoir
de nouvelle on conseille tout ir a votre

avoit dans cette occasion quelque depesche un peu importante
a faire porter au Roy, il ne pourroit faire que M. l'ambassadeur
trouveroit la chose d'une telle maniere que sa Majesté ne trouverait
pas hors de raison qu'il vous en eut chargé. Dites luy ... lointain
ce que je vous mande et laisser le faire. Adieu mon cher Fils
J'ay bien songé a vous, et très fort ... fort aix que nous soyons encore en
estat de nous voir, s'il plaist a Dieu. ne vous estonné pas de la lettre
de votre pere n'est pas bonne c'est qu'il est tout contre au
fonds de son lut de ruelle, il vous escrira a l'ordinaire a Dieu
mon fils ie vous embrasse et suis tendre a vous

ce 6me octobre vous de ... bonne votre
... nation

de prendre ... des eaux de st amant
en attendant le printemps qu'il ira lui
les ... avec m' felix ce luy acompagneront
et ce seroit une ivie peutestre si le
temps de venir de m' l'embassadeur ce
trouvoit avec le nostre. croiant bien que
m' l'embassadeur vous y amenerout
les medecins qui voient vostre pere disent
qu'il court beaucoup de ces coliques
comme les reins m' feroit prudent
fort bien connoistre le temperament de
m' l'embassadeur et dit quautant quil
a mal fait d'aller a avec la chapelle
autant il est absolument naissieviere
dequil y vienne des le premier beautemps
a st amant et il se prepare a aller
la dessus a m' fayon
J'embrasse de tout mon coeur m'... l'ambas.r
Quoy qu'il ne soit nullement necessaire que
vous me veniez voir, si neanmoins m'st l'amb

A Monsieur

Hollande

Monsieur Racine gentilhomme
ordinaire du roy, chés monsieur
l'ambassadeur de France
à la haye

6° LETTRE de J. Racine à la Mère Agnès de Sainte-Thècle, sa tante (9 novembre 1698), imprimée au tome VII, p. 295-299. — L'original est à la Bibliothèque nationale, *Manuscrits de J. Racine*, tome I, *fonds français*, n° 12,886.

J'arrivay avanthier de Melun fort fatigué mais
content au dernier point de ma chère enfant. J'ay
beaucoup d'impatience d'avoir l'henneur de vous voir
pour vous dire tout le bien que j'ay reconnu en elle.
Je vous diray cependant en peu de mots que je luy ay
trouvé l'esprit et le jugement extresmement ferme,
une piété bien sincere, et sur tout une douceur et
une tranquillité d'esprit merveilleuse. C'est une
grande consolation pour moy ma très chere Soeur,
qu'au moins quelqu'un de mes enfans vous ~~ressemble~~
par quelque petit endroit. Je ne puis m'empescher de
vous dire un mot qui vous marquera tout ensemble et
son courage et son bon naturel. Elle avoit fort évité
de nous regarder, sa Mere et moy pendant la ceremonie
de peur d'etre attendrie du trouble ou nous estions.
Comme ce vint le moment ou il fallait qu'elle
embrassa selon ~~toute~~ la coustume toutes les Soeurs,
apres qu'elle eut embrassé la Superieure une Religieuse
ancienne ~~fort~~ ~~~~~~~~ luy fit embrasser sa
Mere et sa Soeur ainée qui estoient là auprès fondant
en larmes. Elle soutint tout sans s'augmenter trembler à
cette veüe. Elle ne laissa pas d'achever ~~~~~~ la ceremonie
avec le mesme air modeste et tranquille qu'elle avoit
eu depuis le commencement. Mais des que tout fut finy

elle se retira au sortir du choeur dans une petite
chambre ou elle laissa aller le cours de ses larmes
dont elle usa au torrent, au souvenir de celles
de sa Mere. Comme elle estoit dans cet estat on
luy vint dire que Mr. l'Archevesque de Sens
l'attendoit au parloir avec mes Cousis et moy. Allon
allons dit elle il n'est pas temps de pleurer Elle
s'excita mesme a la gayeté et se mit a rire de sa
propre foiblesse et arriva en effet en souriant au
parloir, comme si rien ne luy fust arrivé. Je vous
avoue ma chere Tante que j'ay esté touché de cette
fermeté qui me paroist asses au dessus de son age.
Mr. Fontaine qui comme vous sçavez est revenu a
Mielun assista a toute la ceremonie et me paroist tres
edifié de ma Fille. Le sermon de Mr. l'abbé
Boileau fut tres beau, et tres plein de grandes veritez
Tout cela a fait un terrible effet sur l'esprit de
ma fille ainée, et elle paroist dans une fort grande
agitation, jusqu'a dire qu'elle ne sera jamais du
monde. Mais on n'en guere compter sur ces sortes
de mouvemens qui peuvent passer comme bien d'autres
qu'elle a plusieurs fois ressentis. Elle ira demain
trouver Mr. le Noir que j'ay esté voir cette
apresdinée. J'y ay trouvé Mr. de S. Claude
a qui j'ay rendu compte de tout ce que Mr.

L'abbé Boileau m'a dit sur votre affaire de Montagny.
Ma femme envoyera demain chez Jeanne une boëte
où elle a mis les hardes les plus nécessaires pour
Fanchon, dont nous vous supplions de nous mander
des nouvelles. J'ay confié à Nanette que Fanchon
estoit avec vous. Quoy qu'elle eût grande impatience
de l'avoir avec elle, elle m'en a témoigné une
extrême joye. Elle a relu plus de vingt fois la lettre
que vous luy avez fait l'honneur de luy escrire, et
sa principale confiance en vos prières. J'oubliois
de vous dire qu'elle aime extrêmement la lecture
et surtout des bons livres, et qu'elle a une mémoire
surprenante. Excusez un peu ma tendresse pour une
enfant dont je n'ay jamais eû le moindre sujet de
plainte, et qui s'est donnée à Dieu de si bon cœur,
quoy qu'elle fust assurément la plus jolie de tous
nos enfans, et celle que le monde auroit le plus
attirée par ses dangereuses caresses. Ma femme et
nos petits enfans vous assurent tous de leur respect
et font mille complimens a Fanchon. Ma fille
aînée s'est donnée l'honneur de vous escrire.
Il m'est resté de ma maladie une dysenterie ou acreté
droit, dont j'aurai témoigné un peu d'inquiétude
a M. de S. Claude. Mais M. Morin que je viens

de voir m'a asseuré que ce ne seroit rien, et
qu'il la feroit passer peu a peu par de petits
remedes qui ne me feroient aucun embaras. Au
reste je suis a Vos bien Dieu mercy, Je suis
bien plus en peine pour ma chere Isabelle
Agnes, dont je suis bien fasché de n'apprendre
aucune nouvelle certaine. Madame la Comtesse de
Gramont m'a dit que M. Bodart luy en avoit
parlé a Fontainebleau avec de grandes inquietude
Ne doutez pas qu'il n'ait consulté M. Felix
et qu'il ne l'aille voir dés qu'il sera de retour.
On m'a dit qu'il n'arriveroit icy que Jeudy.
Je n'ay point esté surpris de la mort de M. du
Fossé, Mais j'en ay esté bien touché. C'estoit pour
ainsi dire le plus ancien Amy que j'eusse au mond
Plust a Dieu que j'eusse mieux profité des grands
exemples de pieté qu'il m'a donné. Je vous
demande pardon d'une si longue lettre, et vous
prie toujours de m'assister de vos prieres.

7° Testament de J. Racine, imprimé au tome VII, p. 356 et 357. — L'original est à la Bibliothèque nationale, *Manuscrits de J. Racine*, tome I, *fonds français*, n° 12,886.

Au nom du Père et du Fils et du
Saint Esprit.

Je desire qu'apres ma mort mon corps soit porté a
Port Royal des Champs, et qu'il y soit inhumé dans le
Cimetiere aux piés de la fosse de Mr Hamon. Je supplie
tres humblement la Mere Abbesse et les Religieuses de
vouloir bien m'accorder cet honneur, quoy que je m'en
reconnoisse tres indigne et par les scandales de ma vie
passé, et par le peu d'usage que j'ay fait de l'excellente
éducation que j'ay receü autrefois dans cette Maison
et des grands exemples de pieté et de penitence que j'y ay
veüs et dont je n'ay esté qu'un sterile admirateur.
Mais plus j'ay offensé Dieu plus j'ay besoin des
prieres d'une si sainte Communauté pour attirer sa
misericorde sur moy. Je prie aussi la Mere Abbesse
et les Religieuses de vouloir accepter vne somme de
Huit cens livres que j'ay ordonné qu'on leur donne
apres ma mort. Fait a Paris dans mon cabinet
le dixieme Octobre mille six cens quatrevingt dix
huit. Racine

8° Lettre d'Antoine le Maistre à J. Racine (21 mars 1656), imprimée au tome VI, p. 371 et 372. — L'original est à la Bibliothèque nationale, *Manuscrits de J. Racine*, tome I, *fonds français*, n° 12,886.

† Ce 21 de Mars

Mon fils Je vous prie de m'envoyer au plus-
tost l'Apologie des Saincts Peres qui est à moy & qui
est delas Jmpression. Elle est reliée en veau
marbré in 4. J'ay receu les 5 volumes de mes
Concils que vous avez fort bien empaquetez. Je
vous en remercie. Mandez moy si tous mes livres
sont au chasteau bien rangez dessus des tablettes
Et si tous mes onze volumes de S. Chrysost. y sont.
Et ayez tressoing prendre temps pr les nettoyer. Il
Il faudroit mettre de l'eau dans le seneillez de vostre
cuisine afin q les souris ne les rongent pas
faictes mes recommandations à Madame Racine & à vostre
bonne Tante. Et suivez leurs conseils en tout. La jeunesse
doit toujours se laisser conduire & laisser d'une
fois s'émanciper. Peut estre que Dieu vous fera venir
ou vous estes. Cependant il faut tascher de profiter de
cette profession & de faire quelle nous serviroit à nous
détacher du monde qui nous paroist si ennuy de la
piete. Bonsoir mon cher fils. Aimez toujours
vre Par + cin et vous aime. Soriez moy d—

Envoyez moy exemp.
me Tacitus in folio.

A †
Love
Le Petit Rièume
A Fontaynebal.

9° LETTRE d'Antoine Arnauld à J. Racine
(2 juin 1692), imprimée au tome VII, p. 40 et
41. — L'original est à la Bibliothèque nationale,
Manuscrits de J. Racine, tome I, *fonds français*, n° 12,886.

A un aussy bon amy que vous, si genereux et si effectif, il ne faut point de preambule. J'ay des obligations extremes a un Echevin de Liege nommé Monsieur de Cartier, parfaitement honneste, et ce que je considere plus, fort bon chretien. Il craint et avec raison ce qui pourra arriver apres la Prise de Namur, que l'on doit regarder comme indubitable indubitable. On cherchoit des recommendations pour luy auprès de M. le Marechal Luxembourg. Mais j'ay assuré ceux qui en vouloient ecrire il, qu'il n'y en avoit point de meilleure que la vostre. Employez donc, mon tres cher amy, tout ce que vous avez de credit dans cette maison, afin qu'il connoisse que la priere que je vous ay faite pour luy n'a pas été inutile. Il voudroit bien aussy avoir des sauvegardes de sa majesté, pour sa maison de Liege qui est fort belle, cette terre pue contribution, et pour une terre qu'il a dans le pays de Limbourg auprès de l'Abbaye de Rolleduc. J'en ay ecrit a M. de Pomponne, et l'ay prié instamment de me faire ce plaisir s'il y a moien. Mais vous estes si bon que vous ne trouverez pas mauvais, que je vous conjure d'en estre le sollicteur. Si le petit amy qui est depuis si long temps auprès de moy peut passer jusques au camp ce sera luy qui vous rendra ce billet, et qui vous entretiendra de beaucoup de choses qui se peuvent mieux dire de vive voix. Je suis tout a vous, mon tres cher Amy.

A Monsieur

Monsieur Racine Gentil-
homme ordinaire du Roy.

10° Lettre de Jean-Baptiste Racine à Louis Racine (3 septembre 1742?), imprimée au tome VII, p. 333-335. — L'original appartient à M. Auguste de Naurois.

M. de Naurois nous en a envoyé une photographie, que nous avons fait reproduire pour cette édition.

Je ne fus pas moins surpris que vous de la nouvelle que vous me mandez; je scavois que la premiere partie de l'ouvrage en question estoit imprimée; mais je ne scavois pas que la Seconde le fut et je doutois mesme qu'elle existât. On m'apporta il y a environ trois mois une copie de la premiere partie pour scavoir de moy si elle estoit de mon Pere; je repondis que je ne pouvois rien assurer la dessus, n'ayant jamais eu aucune connaissance de cet ouvrage; qu'il estoit vray que j'en avois souvent entendu parler a M. Dupreaux - qui le vantoit fort comme un morceau parfaitement bien fait mais que c'estoit tout ce que j'en scavois. J'estois extremement jeune quand je perdis mon Pere, et il ne m'a jamais lâché le moindre mot de cela. Il n'y a que deux jours avant que de mourir, M. Dodart entra au chevet de son lit; il me dit d'aller chercher dans son cabinet une petite cassette noire que je connois, et quand en tira devant moy un manuscrit petit in f° qu'il remit entre les mains de M. Dodart; je me retirai, et ils furent longtems a parler ensemble. M. Dodart emporta le MS. en lui disant qu'il esperoit le luy rendre; voila tout ce que j'entendis. On m'a dit depuis que ce mesme M.

Dodart ayant remis le MS. entre les mains d'un de ses amis qui auroit actuellement 80 ans, mais qui n'auroit jamais voulu le communiquer a personne; mais dequoy ne viennent point a bout les Jansénistes et surtout les Jansénistes imprimeurs? Ils disent que cet ouvrage est de mon Père, je le veux bien croire; mais où en est la preuve? a moins qu'ils ne disent d'où et de qui ils le tiennent. Il est certain que mon Père auroit eu dessein d'écrire cette histoire, et cela en faveur de Mr le Cardinal de Noailles qui le pria de vouloir bien le mettre au fait des affaires des Religieuses de P.R. dont il estoit fort peu instruit, et c'est ce qui fait qu'après la mort de Mr le Cardinal je m'adressai au Maraschal de Noailles d'aujourd'hui et lui demandai si parmy les papiers de Mr son Oncle il n'en auroit rien trouvé. Il me répondit que non. J'en fis de mesme a la mort de Mr Dodart et je demandai des nouvelles au premier Médecin son fils qui me dit qu'il n'en avoit jamais entendu parler a son Père; Si bien que j'ay toujours crû l'ouvrage perdu et ne puis deviner par quelle voye il peut être tombé entre les mains des Imprimeurs. Je m'en vais tacher a voir cette Seconde de Pâques dont je suis fort curieux, car entre nous je doutois fort de son existence et je croyois que ceux qui nous donneront la première, nous auront sans doute donné la seconde; a moins que ce ne soit une finesse de libraires pour faire acheter deux fois l'ouvrage

A l'occasion de cela ne pourrez-vous pas pour Mr le Chancelier ou Mr d'Argenson de nous donner le privilege des œuvres de mon Pere, pour les purger de quantité de choses que les libraires y fourrent. Ils ont mis dans la derniere des epigrammes qui ne sont point de lui, les deux lettres contre Mr Nicole avec lamoureuses reponses. Il est etonnant qu'ayant laissé des enfans qui scauront lire on abandonne un pareil titre a l'avidité et a l'impudence des libraires et des Editeurs leurs adjointes. Pour ceux qu'ils grossissent le livre ils ne s'en soucient point, et y fourrent jusqu'aux bagatelles fautes contre l'auteur.

Ce 3me 7bre

À Monsieur

Monsieur Racine, Directeur des
Fermes du Roy, A. *[signature]*

11° Additions manuscrites de Louis Racine sur un exemplaire de 1747 des *Mémoires contenant quelquesparticularités sur la vie et les ouvrages de J. Racine*. Cet exemplaire appartient à la Bibliothèque nationale.

Les trois courtes additions que nous avons choisies parmi beaucoup d'autres ont été imprimées au tome I : la première à la page 290, lignes 21-26 ; la seconde à la page 217, ligne 10 et 11 ; la troisième à la page 354, note 3.

n° d'Harcour.

Quoiqu'il soit naturel de penser qu'un génie aussi
vif que le sien, animé par une grande passion
pour l'étude, et conduit par d'excellens maîtres,
ait du faire en peu de tems à P. Royal de grands
progrès, on a cependant peine à comprendre comment
ce sont eux qu'ils ont pu être si rapides. la juge de
ces &c.

* il paroit peu inquiet. c'est à dire sur pas
sur zelo pour la regularité il inquietoit
les autres.

l'avoir neque cou écriteau auteur de l'exemple
latine et francaise ie que l'avoir du dans la
. 1re edition j'ai été depuis mi cette instant. soit en
la lit en francois rede que je l'ai donne icy, et
me dodam la mis en latin.

www.ingramcontent.com/pod-product-compliance
Lightning Source LLC
LaVergne TN
LVHW050647090426
835512LV00007B/1063